AF360969

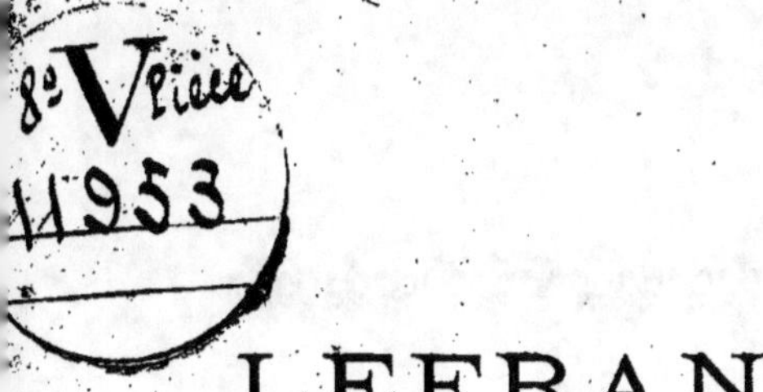

LEFRANC & Cᴵᴱ

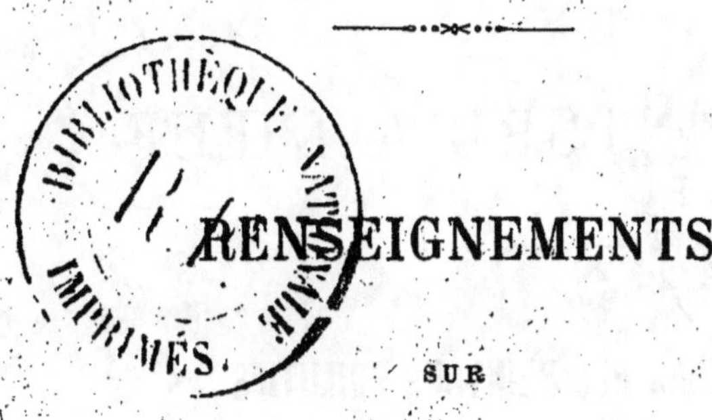

RENSEIGNEMENTS

SUR

LA PEINTURE A L'ŒUF

ET SUR

LES PROCÉDÉS DES PEINTRES PRIMITIFS

RECONSTITUÉS ET RENDUS PRATIQUES

PAR

J.-G. VIBERT

✠✠✠✠✠✠✠✠✠✠✠✠✠✠✠✠✠✠✠✠✠✠✠✠✠✠✠✠

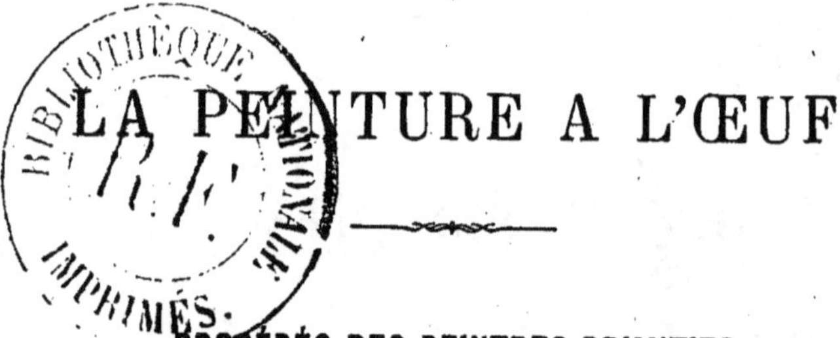

LA PEINTURE A L'ŒUF

PROCÉDÉS DES PEINTRES PRIMITIFS

RECONSTITUÉS ET RENDUS PRATIQUES

par J.-G. VIBERT

Nous avons pensé être agréables à ceux

de nos clients qui désireront exécuter cette

Peinture à l'œuf, en groupant sous la forme

d'un questionnaire, facile à consulter rapi-

dement, tous les renseignements contenus

dans la brochure de M. J.-G. Vibert.

LEFRANC & Cie

1° — De quelles palettes faut-il se servir?

Des mêmes que pour l'aquarelle, en faïence, porcelaine, verre, métal émaillé, celluloïd, etc., pourvu qu'elles soient blanches et imperméables.

2° — De quelles brosses ou pinceaux faut-il se servir?

De tous ceux qu'on voudra. Il faut seulement avoir bien soin de les laver à l'eau aussitôt qu'on cesse de s'en servir. Si on laissait la couleur sécher dedans il faudrait alors les laver à la benzine.

3° — Sur quoi faut-il peindre?

Sur toutes les matières qui sont plus ou moins absorbantes de leur nature : papier, carton, bois, toile, soie, etc.

4° — Quel enduit faut-il mettre?

Il n'est jamais nécessaire de mettre un enduit sur le papier. Pour les cartons, bois, toiles, on peut aussi s'en passer, la première ébauche le remplaçant parfaitement bien. Mais une surface trop rugueuse nuisant à la délicatesse de l'exécution, il faut souvent un enduit préalable. Dans ce cas il devra être absorbant et insoluble à l'eau. Nous recommandons l'enduit à *l'œuf* comme le meilleur, on peut le faire soi-même du ton que l'on désire avec une ou deux couches *de couleur à l'œuf* détrempée à l'eau. L'enduit à l'œuf est excellent pour la peinture à l'huile, l'aquarelle, la détrempe, etc., etc.

5° — Comment diminuer l'absorption?

Si les matières ou les enduits sur lesquels on peint semblent trop absorbants, il faut passer dessus, en totalité ou partiellement, selon les besoins, du *Vernis à l'eau*, coupé ou non d'autant d'eau que l'on voudra, à une ou plusieurs couches selon que l'on veut diminuer plus ou moins l'absorption.

6° — Comment emploie-t-on les couleurs ?

Comme les couleurs à l'huile ; telles qu'elles sortent du tube. Il est inutile d'empâter, les couleurs couvrant beaucoup sous une faible épaisseur. Quand on les trouve trop dures on les ramollit avec un peu d'*Aqualenta*.

7° — A quoi sert le Blanc opaque ?

Le *Blanc opaque* est très peu collé et donne un peu les effets de la gouache, il éclaircit en séchant. Il ne faut pas en mettre dans les tons sombres si on ne veut pas qu'ils descendent trop.

Par contre il est très éclatant et mélangé aux autres couleurs donne les tons frais de la détrempe.

8° — A quoi sert le Blanc transparent?

Le *Blanc transparent* est beaucoup plus collé. Il donne les mêmes effets que le blanc à l'huile, ne blanchit pas les tons en séchant, mais couvre beaucoup moins que le *Blanc opaque;* il doit être employé toutes les fois que l'on désire que les dessous jouent un rôle, c'est-à-dire quand on a besoin de conserver une demi-transparence, pour des voiles de gaze, de la fumée, des brumes, etc. On ne doit jamais empâter avec, puisque aussitôt qu'on a besoin d'un éclat le *Blanc opaque* le donne sans épaisseur. Les deux blancs peuvent se mêler dans toutes proportions et suffisent ainsi à tous les besoins.

9° — Comment peut-on garder long-temps les tons sur la palette ?

Aussitôt qu'un ton semble durcir, on le remanie avec le couteau en ajoutant un peu d'*Aqualenta*. Si on veut le garder pendant des mois, on le met dans un petit flacon bien bouché.

10° — Comment fait-on sécher ?

Lorsqu'on ne met pas plus de couleur qu'il est nécessaire, c'est-à-dire en demi-pâte, elle sèche en un, deux ou trois jours selon la température, même avec de l'*Aqualenta ;* si on l'a détrempée à l'eau elle sèche instantanément ; on peut toujours activer le séchage en mettant le tableau au soleil ou près du feu.

11° — Comment empêche-t-on de sé-cher ?

Quand on veut travailler quelque temps dans le frais,

on se sert d'*Aqualenta*. Il suffit, en peignant, de tremper de temps en temps son pinceau dans le godet qui la contient pour entretenir la partie que l'on fait au degré de mollesse désirable.

12° — Avec quoi faut-il détremper la couleur pour faire des teintes comme à l'aquarelle?

On détrempe la couleur avec de l'eau pure quand on veut que ça sèche vite et avec de l'*Aqualenta* pour des glacis ou des teintes que l'on veut fondre sans se presser.

13° — Comment donne-t-on à la couleur mate l'aspect mouillé?

Si ce n'est que pour reprendre, on passe un léger frottis d'*Aqualenta* qui favorise les reprises et rend les raccords plus faciles. Si on exécute un tableau destiné à être vernis on passe un peu de *Vernis à l'eau* qui fait revenir ce ton et le maintient : de cette façon les parties faites restent en accord avec les parties mouillées qu'on est en train de faire.

14° — Peut-on repeindre sur le Vernis à l'eau ?

Parfaitement, mais les repeints deviennent mats comme d'habitude, et l'on repasse du *Vernis à l'eau* autant de fois qu'il est nécessaire, le *Vernis à l'eau* faisant l'office du vernis à retoucher dans la peinture à l'huile. Mais il ne faut pas peindre avec en le mêlant aux couleurs.

15° — Peut-on laver ?

Quand la couleur est prise, ce que l'on constate aussitôt qu'elle est devenue mate, on peut passer d'autres teintes par-dessus sans la déranger; mais pour pouvoir la laver à l'éponge il faut attendre qu'elle soit sèche à fond. C'est, selon la température, l'affaire de plusieurs jours ou de plusieurs semaines.

16° — Peut-on enlever totalement une partie du tableau?

Oui, avec une éponge et de l'eau tant qu'elle n'est pas bien sèche ou avec de la benzine et un chiffon, quand elle résiste à l'eau.

17° — Peut-on repeindre à l'huile sur une ébauche à l'œuf?

Oui, à la condition de passer une couche de *Vernis à l'eau* avant de repeindre.

18° — Peut-on repeindre à l'aquarelle?

Oui, sans aucune précaution à prendre que d'attendre que

la *peinture à l'œuf* soit assez sèche pour résister à l'eau.

19° — Que faut-il faire pour vernir?

Il faut d'abord passer du *Vernis à l'eau;* sur une surface lisse, une couche suffit; sur une surface rugueuse deux sont nécessaires. Le *Vernis à l'eau* étant bien sec on peut vernir, avec le vernis à *tableaux au pétrole* de préférence, en prenant les précautions ordinaires pour tout vernissage.

20° — Peut-on vernir d'autres choses que la peinture à l'œuf avec le vernis à l'eau?

On peut vernir les gravures, les cartes lithographiques, et tous les imprimés en général, même ceux qui sont imprimés avec des encres grasses, à l'aniline, que les vernis à l'alcool détruisent.

21° — Peut-on employer l'Aqualenta pour l'aquarelle ordinaire?

L'*Aqualenta* rend les mêmes services dans toutes les peintures à l'eau : aquarelle, gouache, détrempe, lavis, etc. Elle dissout la gomme, mais pas aussi vite que l'eau le fait, de sorte que l'on peut passer facilement une teinte sur de la gouache : ce qui est toujours si difficile.

PRIX COURANT

DES

COULEURS A L'ŒUF

VERNIS & FIXATIF

PRÉPARÉS POUR LA

PEINTURE ARTISTIQUE

D'APRÈS LES PROCÉDÉS

DE

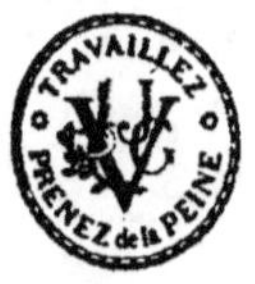 J.-G. VIBERT 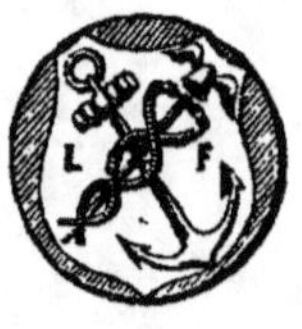

PAR

LEFRANC & CIE

COULEURS SUPERFINES

Broyées à l'œuf

D'APRÈS LES PROCÉDÉS

DE

J.-G. VIBERT

en tubes n° 1 et n° 2

LEFRANC & Cie, Seuls Fabricants

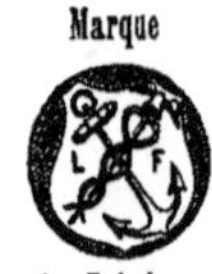

Marque de Garantie

Marque de Fabrique

RÉF. LA COMPOSITION CHIMIQUE EST INDIQUÉE SUR CHAQUE TUBE RÉF.

N^{os} des tubes	COMPOSITION CHIMIQUE	DÉSIGNATION			
2	Oxyde de zinc	Blanc opaque			
2	— —	Blanc transparent . . .			
1	Aluminate de cobalt . . .	Bleu de cobalt			
1	Oxyde de fer précipité. .	Brun de mars			
2	Oxyde de fer	Brun rouge			
1	Sulfure de cadmium . . .	Jaune de cadmium clair			
1	— — . . .	J. de cadmium foncé. .			
1	Chromate de strontiane.	Jaune de strontiane . .			
1	Alumine teintée par la garance.	Laque de garance rose			
1	Alumine teintée par la garance.	L. de garance foncée . .			
1	Alumine alizarine	L. de garance cramoisie			
2	Oxyde de fer alumine . .	Laque de fer			
2	Ivoire calciné	Noir d'ivoire			
2	Fer silice alumine	Ocre jaune.			
1	Sulfure de sodium et silicate d'alumine . . .	Outremer			
2	Alumine de fer	T. de Sienne naturelle.			
2	— —	T. de Sienne brûlée . .			
1	Sulfure de mercure. . . .	Vermillon permanent .			
1	Combinais^{on} zinc et cobalt	Vert de cobalt			
1	Oxyde de chrome hydraté	Vert émeraude.			
1	Phosphate de manganèse	Violet minéral n° 2 . . .			

AQUALENTA

en petits flacons de cristal

bouchés à l'émeri

(contenance environ, 8 à 10 gr.)

LE FLACON . . . .

. . . .

. . . .

VERNIS A L'EAU

PROCÉDÉS

J.-G. VIBERT

Le flacon. . . . .
Le double flacon . . . .

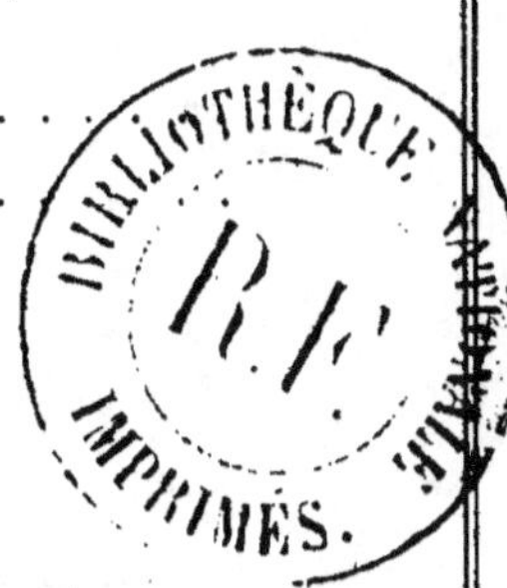

Quoique le prix des couleurs soit un peu plus élevé que celui des couleurs à l'huile et à l'aquarelle, nous ferons remarquer que la facilité que l'on a de les conserver sur la palette compense largement cette augmentation, en ce qu'il n'y en a presque jamais de perdues.

Quant à **l'Aqualenta** qui coûte très cher, on en use relativement fort peu, puisque quelques gouttes suffisent pour travailler toute une journée.

Imprimerie Paul Schmidt, Paris-Montrouge (Seine)

www.ingramcontent.com/pod-product-compliance
Lightning Source LLC
La Vergne TN
LVHW021912180726
843502LV00008B/3033